사랑을
이루다

이유미 시집

사랑을 이루다

시인의 말

어젯밤 잠자리에 들어
가만히 생각해 보니
내 인생 꿈을 꾸는 건지도 몰라
그래도 나의 하루하루
만나고 헤어지고
또다시 만나는 소중한 인연들

너무도 애틋하고
너무도 절절한
사랑의 꿈이라서
설령 세상살이
모두가 꿈이라 해도
깨어나고 싶지 않아.

2014년 4월에
용선 이유미

사랑을 이루다

▫ 시인의 말

제1부 사랑을 이루다

사랑을 이루다 ─── 13
핸드폰 단축번호 1번 ─── 15
진딧물 사랑 ─── 17
천상의 술 ─── 18
진주 목걸이 ─── 20
비밀이야 ─── 22
모자라서 또 사랑하는 거니까 ─── 24
나 없이도 즐거운가요 ─── 26
총 맞은 것처럼 ─── 28
사랑이 가고 나면 ─── 29
당신이 가장 좋아하는 꽃은 ─── 31
말은 말처럼 뛰어 도망친다 ─── 33
말로 ─── 34
너는 밥 달라는데 나는 사랑 달라는 소리로 듣는다 ─── 36
소중한 건 모두 공짜입니다 ─── 37
사랑의 정의 ─── 38

사랑을 이루다   이유미 시집

제2부 그리움 그리고 눈물과 아픔

41 ── 그리움 그리고 눈물과 아픔
43 ── 춘천 가는 길
44 ── 눈깔사탕
46 ── 시래기와 아빠
47 ── 관악산으로
49 ── 삼립 호빵
51 ── 곶감 꾸러미
53 ── 엄마와 자두
55 ── 설날 전야
57 ── 눈이 와
59 ── 학교에서
60 ── 한결같이 반갑다
61 ── 된장
63 ── 누룽지 · 1
64 ── 누룽지 · 2
65 ── 누룽지 · 3
67 ── 누룽지 · 4

이유미 시집 　　　　　　　　　　　**사랑을 이루다**

제3부 대나무처럼

대나무처럼 —— 71
세잎 클로버와 네잎 클로버 —— 72
잠들지 못하는 밤 —— 74
술술술 —— 75
인생의 정답 —— 77
난 네가 좋아 —— 78
너를 사랑할게 —— 80
최선을 다하지는 마 —— 82
진짜 가난한 사람 —— 84
빛이 된다는 건 —— 85
어디로 가니 고라니 한 마리 —— 87
재두루미·1 —— 89
재두루미·2 —— 91
가창오리의 군무群舞 —— 93
두루미야 넌 어디로 날아가니·1 —— 95
두루미야 넌 어디로 날아가니·2 —— 96

사랑을 이루다 이유미 시집

제4부 세월이 독이라면서

99 ── 중년은 된장이다
100 ── 중년은 아름다워라
102 ── 내 사랑 김점선
105 ── 신데렐라
107 ── 내 인생의 수틀
109 ── 부끄러운 일이다
110 ── 경국지색
112 ── 세월이 독이라면서
113 ── 살아낸다는 건
115 ── 고통 위에 피는 꽃
116 ── 여기 나 이렇게 살아 있다
117 ── 하루살이·1
118 ── 하루살이·2
119 ── 모두가 전쟁 중이야
120 ── 죽는 것과 살아내는 것
121 ── 모두 떠나려고 온 거야
122 ── 낙화의 변명
123 ── 흙으로 돌아가던 날
124 ── 먼지

이유미 시집 사랑을 이루다

제5부 신은 없다

가족의 비애·1 ——— 127

가족의 비애·2 ——— 128

어머니 어머니 ——— 129

지극히 동물적인 ——— 132

자식 그 빛과 그림자 ——— 133

자식 그 피할 수 없는 이름 ——— 135

굽은 소나무가 고향을 지킨다 ——— 137

신은 없다 ——— 138

소록도의 천사들 ——— 139

이율배반의 세상 ——— 142

마지막 집세 ——— 144

풍요 속 빈곤 ——— 145

우리 모두 갇혀 있어 ——— 147

부처와 맞장뜨기 ——— 148

개 같은 인생에 대한 변명 ——— 150

씨발[發芽] ——— 153

제1부 사랑을 이루다

어릴 적엔
백마 탄 왕자님이
짠하고 나타날 줄 알았지

사랑을 이루다

어릴 적엔
백마 탄 왕자님이
짠하고 나타날 줄 알았지

아름다운 외모에
더 아름다운 마음씨를 한
선남선녀들

새처럼 지저귀고
꽃처럼
향기를 뿜으며 살 줄 알았지

어릴 적 꿈처럼
선물같이 주어질
로또 같은 사랑을 꿈꾸는 세상

거기엔 사랑보단 불신이
용서보단 원망이
가득한 세상

그런 세상에서
당신과 만나 잠시 웃다 돌아서
괴로워했던 숱한 세월들

다시 돌아와
용서와 사랑으로
엄마처럼 다독이던 시간들

당신은 무한 신뢰로
내게 되돌려 주고 갔구나
이제야 꿈꾸던 사랑을 이루다.

핸드폰 단축번호 1번

당신의 핸드폰 단축번호 1번은
그리도 바삐 찾아대시던
아내의 핸드폰 번호입니다

남겨진 당신의 핸드폰으로
단축번호 1번을 가만히 눌러 봅니다
나의 핸드폰은 당신이 날 찾는다고
요란하게 소리 지릅니다

울리는 핸드폰을 들어
전화를 받아 봅니다
여보야
여보야….

아무 소리 나지 않는
먹통의 핸드폰을 들고 눈물 흘립니다
아들에게 빼앗긴 단축번호 1번이
전혀 애석하지 않다던 당신
사랑은 내리사랑이라며
아들에게 주어 버린 나의 마음은

그대로 나의 핸드폰 단축번호 1번에 담겨 있었습니다

당신 가시고 내게 남겨진
당신의 핸드폰 단축번호 1번이
나의 사랑을 시험하고 나를 부끄럽게 합니다

낳아 기르는 본능의 사랑이라
누구라도 그렇겠지만
우리 처절한 싸움 뒤 완성된 사랑은
더 아름답고 소중하게 빛나고 있다는 걸
이제야 깨닫는 저는 바보입니다

언제라도 제가 꾸욱 누르면
달려와 무슨 일이냐며
시시콜콜한 나의 이야기
다 들어주고 위로해 줄 나의 소중한 당신에게
핸드폰 단축번호 1번을 바칩니다.

진딧물 사랑

살기 위해
너에게 붙어 있어
진딧물이 여린 싹에 붙어 있듯
나는 너에게 붙어 있어

그걸 사랑이라 하는지
집착이라 하는지
아니면 생존이라 하는지 몰라

진액이 채워지지 않은
나는 진딧물이니까
너를 채워야 살아가는 거니까.

천상의 술

너는 말했지
천상의 술을 마시고 있다고

나에게
천상의 술은

나의 목마른 입술 채워 줄
나의 굳은 마음 녹여 줄

나의 갈급한 영혼 채워 줄
그건 너의 입술이야

너의 입술에서
시냇물처럼 흘러나오는 노래

너의 입술에서
꽃향기처럼 피어나는 미소

너의 입술에서
시가 되어 피어나는 말들

취해도 취해도
또 마시고 취하고 싶은

너의 입술에
내 입술을 대고서

한 방울도 흘리지 않고
다 받아내어 마시어

나는
너에게만 취하고 싶어.

진주 목걸이

눈물이 흐르고 흘러
고이고 고이면
진주가 된다고

진주를 몸에 달고 살면
내 인생 눈물 담고 살아갈까
멀리했었네

당신 주신 진주 목걸이
만지작만지작하다 목에 걸고
거울 앞에 서네

못다 한 사랑과 미련
눈물방울로 떨어져 내려
내 손에 들려 놓고 가버린 당신

내게 아픔이 되고 슬픔이 되어
남은 인생 눈물 흘리게 된다 하여도
내다 버릴 수 없는 소중한 당신의 눈물

진주 목걸이
소중히 손에 받아 들고
가만히 내 목숨줄에 걸어 두네.

비밀이야

비밀이야 자기야
서로 눈만 바라봐도
온 세상 다 얻은 우리
세상을 통째로 훔친 큰 도둑
그래도 비밀이야
우리 둘만의 비밀이야

비밀이야 자기야
자기가 내 거고
내가 자기 거니까
우리 둘 서로 바꿔치기한 거
부모 형제도 모르는
우리 둘만의 비밀이야

나의 심장에서 뛰는 피는
당신 향한 사랑의 에너지로 박동하고
나의 눈에서 흘러내리는 눈물은
사랑과 감동으로
당신께 보내는 보석 같은 선물이야

저 찬란한 해는
당신의 커다랗고 환한 미소
흰 눈으로 몽실몽실 피어난
저 산 능선 부드러운 곡선은
자기의 따스한 몸이야

비밀이야 자기야
어디에선가 바쁘게 움직여야 할 자기를
훔쳐 가지고
내 곁에 항상 숨겨 두고 있는 거
진짜 비밀이야
우리 둘만의 비밀이야.

모자라서 또 사랑하는 거니까

있는 그대로의 나를
쿨하게 다 이해할 줄 알았는데

날 품고 나서
사사건건 간섭하고 집착한다

소소한 것 하나하나
미주알고주알 따지고

그저 믿지 못하고
일일이 말꼬리 잡고 늘어진다

그래 그래
나도 알아

너나 나나
모두 어리석은 인간이니까

모자라서 만난 거니까
채워 주려 만난 거니까

모자라서 사랑하고
모자라서 헤어지고

모자라서
또 사랑하는 거니까.

나 없이도 즐거운가요

친구들과 여행 가서 즐거운가요
내가 없는 시간들이 호젓한가요
게르에서의 밤은 깊어 가고
타는 장작불처럼
또 하루가 그렇게 사라지는데
당신의 베갯잇에는 곤한 머리만 내려앉고
날 보고픈 마음에 떨군 눈물은 없었던가요

나 없이도 즐거운가요
당신 없는 하루 하루가
이렇게 쓸쓸하고 외로운데
당신은 나 없이 벗들과 웃고 있나요
술 한잔 마시고 또 한잔을 기울이고 나면
곤한 눈꺼풀만 깜빡거리고
당신 눈에 아른거리는 나는 거기 없나요

비 내리는 몽고의 밤하늘엔
별도 달도 숨어들고
당신 없는 이 하늘엔
별도 달도 떠올라

더더욱 당신 생각에 잠 못 들어요

나 없이도 당신은 웃고
나 없이도 당신은 잠들고
나 없이도 여전히 당신의 하루가
그렇게 지나가는데
당신 없는 나의 하루는
한 달처럼 십 년처럼 그렇게 지나가네요.

총 맞은 것처럼

오늘 네가
날 향해 겨눈 총
내 심장을 관통하고

사랑이
목숨이
붉은 선지처럼

가슴 깊은 곳에서
폭포수처럼
쏟아져 내려

날 만난 게
후회스럽다는
너의 그 말.

사랑이 가고 나면

사랑이 가고 나면
아쉬운 추억만 남아

무지개를 쫓아가니
잡히는 것은 아무것도 없어

행복이란 결국
아름다운 착각인지도 몰라

사랑도 행복도
깨고 나면 사라져 버리는 여름밤의 꿈

선명하게 나타났다
홀연히 흩어져 버리는 사막의 신기루

당신과의 사랑 뒤에 쓸쓸히 남겨져
결국 내가 찾아낸 건

상념이란 두 글자
허상이란 두 글자

그래도 아쉬운
추억이란 두 글자.

당신이 가장 좋아하는 꽃은

당신 가고 벌써 새봄이 오고
한식이 다가와
꽃과 나무를 심자고

산소에 심을 꽃을 소상히 적은 견적서에는
영산홍, 자산홍, 백철쭉과 능소화
배롱나무까지 들어 있어요

어떤 꽃을 심어야 하나
고민하는 나에게 친구는
당신이 평소 좋아하던 꽃을 심으라고

당신이 가장 좋아하시던 꽃
둘도 없는 어여쁜 꽃
눈물로 차마 떠나야 했던 당신의 아내

철 따라 피어날 수 없지만
발이 달려
한 곳에 머물 수 없지만

당신의 애절한 사랑을 담고 담아
당신 앞에 매일 피어나는
크고 향기로운 사랑꽃이 되겠습니다

당신이 가장 좋아하는 꽃, 당신의 아내
물 주고 잘 키워
언제까지라도 향기 뿜으며 살아가겠습니다.

말은 말처럼 뛰어 도망친다

'사랑해' 라고 말하면
그 애틋한 사랑
말처럼 뛰어 너에게서 도망치고

'보고 싶어' 라고 말하면
그 파릇한 그리움
누렇게 시들어진다

말을 타고
멀리멀리
애절함에서 벗어나고 싶다면

'사랑해'
'보고 싶어'
지금 말하라.

말로

말은 상처 주려 생긴 게 아닌데
말로 상처 주고
말로 상처받는다

말을 돌리고
말을 회피하고
말을 쏘아붙이고
더러워진 말을 내뱉는다

말을 그렇게 마구 굴리면서
상처 주고 상처받은 영혼들만 남아
허망한 말들이 떠돌아다니는
세상은 말의 무덤이 되어 버렸다

말로만 사랑하고
말로만 용서하고
말은 가벼운 영혼의 도구로 전락했다
인간의 말로末路는 어디로 향해 가는가

인간의 입으로 들어와

더럽혀질 대로 더럽혀진 말을
이해와 용서로 깨끗이 씻어
말의 무덤에서 놀지 말고
꽃 만발한 사랑의 에덴 동산으로 돌아가기.

너는 밥 달라는데
나는 사랑 달라는 소리로 듣는다

"엄마 밥 줘!"
밥 달라 투정하는 소리

너는 밥 달라는데
나는 사랑 달라는 소리로 듣는다

헛헛한 속 채우려 먹어도 먹어도
여전히 배고픈 세상

정성껏 밥상 차려 내어 주는 건
사랑의 마음이라

오늘도 밥 달라는 너의 소리
나는 사랑 달라는 소리로 듣는다.

소중한 건 모두 공짜입니다

목마름을 씻어 주는 한 잔의 물
땀방울을 닦아 주는 시원한 바람

당신의 다정한 눈길과
포근한 미소

언 마음 녹여 주는
따스한 당신의 말 한마디

묵묵히 주어지는
고마운 부모님의 사랑

특별히 의식하지 않아도
눈에 잘 띄지는 않아도

세상 가득한 우주의 벅찬 에너지
소중한 건 모두 공짜입니다.

사랑의 정의

널 낳았어도
내 거라고 우기지 않는 거야

널 키웠어도
남에게 기꺼이 내어줄 수 있는 거야

좋은 세월 다 흘러가
흰머리에 외로움만 쌓여 가도

너만 생각하면
빙그레 웃을 수 있는 거야

내게 진 너의 모든 빚
다 탕감해 주고도

오히려 너에게
너무너무 고마운 거야.

제2부 그리움 그리고 눈물과 아픔

물방울 다이아보다 더 값지고
무지개보다 더 눈물 나게 아름다운
내 속의 너, 그리움

그리움 그리고 눈물과 아픔

살다보면
미련을 두고 가고
후회를 안고 살아가지만

그래도 우리 맘에
그리움을 품고 살아가는 건
보석을 품은 거라고

물방울 다이아보다 더 값지고
무지개보다 더 눈물 나게 아름다운
내 속의 너, 그리움

그래서 아파도 널 고이 간직하고
그래서 눈물 나게 해도
널 항상 지니고 살아가는 거야

소중히 깊이깊이 간직하고 있다
어느 날 추억 하나 꺼내어 들면
따라 나오는 그리움 뒤로

눈물이 아픔이
내 작은 가슴 미어 내린다 해도
너를 품고 살아가는 거야.

춘천 가는 길

춘천春川은
언제나
봄이 오는 시냇가

들판을 뛰노는 아이처럼
내 마음은 항상
아지랑이처럼 피어나고

하늘에서 떨어져 내린
구름 한 조각
호반에 둥둥 떠다니는

춘천 가는 길은
얼마나 빠른지

몸이 가기 전
마음은 벌써 도착해

왜 너는 이리 늦냐
전보를 보내네
빨리 오라고.

눈깔사탕

일 원짜리 지폐
찌익 둘로 갈라
동생 경미랑 나랑 반반씩

신나게 뛰어
눈깔사탕 파는
지하 흙집 할머니 구멍가게로

찢어진 지폐 두 장
동생과 나 번갈아 보시다
'찢어져서 8전만 쳐 준다!'

왕눈깔 사탕 입에 넣으면
입이 안 다물어져도
행복도 그만큼

뭔가 억울한 거 같은데
작은 눈깔사탕 입에 물고
동생과 집으로

눈깔사탕 물고
우물우물 우물쭈물
우릴 보고 아빠는 웃고 계셨지.

시래기와 아빠

학교 갔다 돌아오니
자그마한 우리 집 마당에
배추로 된 산봉우리 하나

아빠가 삽을 들고
장독 묻으면
마당에는 금세 또 산봉우리 하나

댕강댕강 흰 몸뚱이 잘려 나가고
미친 여자 머리 같은 무 이파리
아빠는 볏단 넣어 머리 따듯 꼬옥꼬옥

처마 끝에는 나란히 시래기 커튼
마당에는 배부른 오뚝이 장독
저녁 굴뚝에는 연기가 모락모락.

관악산으로

아빠랑 갔던 수영장
또 가고 싶어
어린 동생들 데리고 관악산으로

먹갑고 놀다 먹으려고
수박도 한 통
손에 손잡고 관악산으로

듬성듬성 끈 사이로
참외만 한 수박 맥없이 툭
쩍하고 산산조각

주섬주섬 주워
손에 손에 들고
다시 관악산으로

수영장 아래 계곡
큰 물웅덩이
쭈루루 동생 넷 나까지 다섯

바닥에 손 받치고
다리 쭉 뻗고
텀벙텀벙 물장구

수박 먹다 바라보니
동생들 옷은
온통 수박빛.

삼립 호빵

밥통 안에 옹기종기
호빵 다섯 개
두 살 터울 우리 남매
쭈루루 다섯

엄마 외출했다
돌아오실 때까지 참지 못하고

한 번 두 번 세 번 네 번
자꾸자꾸 열리는 아랫목 밥통

겁없이 호빵 하나
넌지시 들어올리면

놀란 동생 눈동자
여기저기서 반짝반짝

차마 베어 물지는 못하고
반질반질 빵껍질 살살 벗겨

내 입에 두 번, 동생 입에 한 번
하나씩 하나씩 옷 벗겨지는 호빵 다섯 개.

곶감 꾸러미

학교 갔다 돌아오니
엄마는 외출중

슬며시 안방으로 들어가
자개농 위로

휘이휘이 손 저으면
턱하고 잡히는 신문 뭉치

꼭꼭 싸여진 신문지
가만히 풀면

흰 가루 덮어쓰고
막대에 꿰어 있는 곶감 꾸러미

겁없이 하나 턱 빼내면
놀란 토끼눈 동생 침을 꼴깍꼴깍

나 큰 한 입
동생 작은 한 입

분가루 묻은 입술
얼른 옷소매로 쓱싹쓱싹

아무 일 없는 듯
가만히 다시 올려놓고

숨어서 매일매일 작아지는
곶감 꾸러미.

엄마와 자두

학교에서 돌아오니
마당 평상에 앉아
뭔가 맛있게 드시고 계셨어요

물만 마셔도 "뭐야" 하고 달려드는
다섯 새끼 둔 엄마가
혼자 뭔가 맛있게 드시고 계셨어요

바가지에 담긴 파아란 자두
하나 집어 꽉 깨물다
퉤퉤하고 그대로 뱉어 버렸습니다

자두는 분명 자두인데
차마 삼킬 수 없는
시다 못해 쓰디쓴 자두

시디신 음식도 마다않고
잘 먹던 나조차
도저히 삼킬 수가 없었습니다

너무 시어 눈물 글썽이며
도대체 왜 이런 걸 먹는 거야
짜증을 냈지요

조금이라도 먹을 만하다 싶으면
다섯 새끼들 생각에
차마 자신의 입에 넣을 수 없어

시다 못해 써서
자식 새끼들은 먹을 수 없는 자두라서
마음껏 드시는 거라고

신 자두 베어물고 눈물 글썽이던 눈에
뜨거운 눈물 글썽이며 당신을 그립니다
철없는 자식들 남겨 두고 혼자 어디 가셨어요, 어머니.

설날 전야

큰 다라이에 한 가득
하얀 가래떡

나란히 줄세워
꾸득꾸득 적당히 마르면

도마 위에 올려져
따각따각 따각따각

다섯 남매
손에 손에 긴 가래떡

난로 위로 쭉쭉 밀면
치익치익 치익치익

입에 넣고 맛있게
와삭와삭 우물우물

방 안은 온통
배부른 소리

따각따각 치익치익
와삭와삭 우물우물.

눈이 와

먹거리 사러
이마트 가는 길에
눈이 와

울 엄마 백설기 만들던 날에
다라이에 가득 담긴
하얀 쌀가루

체에 받치어
나풀나풀 흩날리면
와! 눈 온다 장난치던 어릴 때처럼

먹거리도
다 같지 않은 세상
쉬는 날이라 문이 닫혔어

터덜터덜 빈 손으로
돌아오는데
흰 눈이 아직도 내리고 있어

하늘하늘
엄마 계신 하늘에서
쌀가루 같은 흰 눈은 자꾸자꾸 내려오고

모락모락 김 피어오르는
하얀 백설기처럼
거리거리에 흰 눈이 소복소복 쌓여 가.

학교에서

어릴 적 초등학교
사십 년 만에 가 보니

경찰서는 아직 그대로인데
신작로처럼 크던 다리는 작아지고

학교로 오르는 길 좁아져
긴가민가하다 보니 벌써 학교 정문에

커다랗던 운동장 뒤 웅장했던 4층 건물
모두모두 볼품없이 작아져 버려

철없이 껍데기만 커져
소인국 들어선 낯선 걸리버만 같아

허망한 세월 속에
우리 모두 어디론가 흘러가더라도

학교 뒷산 소나무야
너는 꿋꿋이 버티고 서서 변치 말아라.

한결같이 반갑다

강원도 삼척의 아침
낯선 잠자리에서 뒤척이다 보니
벌써 새벽을 깨우는 새 소리

남반구 호주에서도
북반구 한국에서도
너의 소리 한결같이 반갑다

어제의 나
오늘의 나
너 또한 다르지만
반가운 마음만은 언제나 한결같다

어제의 인연
오늘의 인연
웃음짓게 하고 눈물짓게 해도
한결같이 소중하듯.

된장

젊은 사람들은 모른다
인스턴트에 길들여진 혀는
오랜 세월 삭히고 삭혀 온
엄마 마음 같은 묵은 장맛을 모른다

고된 삶 속
느린 걸음으로 살아온 긴 세월
콩을 키워 메주 쑤고
소금 부어 장을 내는 수행 같은 과정을

눈물과 한숨
희망이 섞여 들어
고승의 수행처럼
갈고 닦아진 장맛을

어제 비에 빗장 잠그고
오늘 따사로운 햇살에 활짝 뚜껑 열어
긴 세월 묵고 익어
깊은 맛 내어서야

한소끔 부엌으로 들여
보글보글 끓여 상에 올릴
된장찌개에 뛰어들어
맛있는 음식으로 거듭나네

묵은 장맛 같은
깊고 깊은 사랑
나눠 먹고
피가 되고 살이 붙어라.

누룽지 · 1

가마솥에 밥하면
밥이랑 덤으로
누룽지 한 판

너는 누구를 그리 사랑해
숯 검댕이 되고서도
찰싹 달라붙어 떨어지지 않느냐

누렇게 뜨고 까맣게 타
원래 하이얗고 보드랍던 네 속살
딱딱하게 굳어 버렸어도

걱정하지 마! 애야
너만큼 고소하고 입에 짝짝 붙는 깊은 맛
누구에게서 찾아볼 수 있겠니.

누룽지 · 2

밥하다
그만 불 조절 못해
태워 누룽지 되어도 좋아

서툰 사랑으로
애태우다
누렇게 평생을 살아도 할 수 없어

타다 타다
까맣게 그을려
숯 검댕이 되어도 어쩔 수 없어

언제까지라도 뜨겁게 불 태워져
끈적끈적 네 곁에 달라붙어
누룽지처럼 살아갈 거야.

누룽지 · 3

눌어붙은 너처럼
인생살이 고달파도
이생에 눌어붙어 살아

보드랍고 탱글탱글하던 하얀 살
눌어 누렇게 변하고
굳어져 버려도 살아

타 숯 검댕이 되어도 괜찮아
바싹 말라
건드리면 부스러져도 괜찮아

너 얼마나 목 말랐으면
물 부어도 부어도
네 갈증 쉬 가시지는 않겠지만

살 태워지고
메말라 가더라도
그렇게 꿋꿋이 버텨내다 보면

'야! 흰 쌀밥보다 낫구나'
너를 환호하는 소리
곧 듣게 될 거야.

누룽지 · 4

아무리 배 불러도
밥 배랑
누룽지 배랑 따로따로

밥 한 그릇 뚝딱 다 먹고
순가락 놓지 못하는 건
식후의 구수한 숭늉 한 대접

된장찌개 김치찌개 총각무에 동치미
매일매일 평범하고 조촐한 찬이지만
언제나 구수한 엄마표 누룽지 밥상.

제3부 대나무처럼

흔들리더라도 쉬이 부러지지 않고
잘려 나가면서도 아름답게 노래하고
불타면서도 소중한 것 남기고 떠날 수 있을까

대나무처럼

대나무는 속이 비어
잘라 내기만 해도
노래하는 악기가 되네

대나무는 속이 비어
소금 담아 구워 내면
보랏빛 찬란한 죽염이 되네

대나무는 속이 비어
강풍에 흔들려도
쉬이 부러지지 않아

대나무처럼
나도
속을 비워 내면

흔들리더라도 쉬이 부러지지 않고
잘려 나가면서도 아름답게 노래하고
불타면서도 소중한 것 남기고 떠날 수 있을까.

세잎 클로버와 네잎 클로버

발에 밟히는
흔하디흔한
세잎 클로버의 꽃말은 행복이다

풀섶에서
네가 찾아 헤매이는
네잎 클로버의 꽃말은 행운이다

흔하디흔한 세잎 사이
꼭꼭 숨어 있는 그 녀석을
사람들은 찾아 헤맨다

누군가 기쁨의 환호를 지르면
행운의 여신이 왜 나에겐 오지 않느냐
운명을 원망하며 한숨짓는다

평범한 진리가
흔하게 너의 발에 밟힌다 해도

너는 모른다

평범 속에 행복이 숨어 있다는 걸

너는 모른다
손에 들린 행운의 여신이 등 뒤에서

악마처럼 낄낄낄 음흉한 미소 지으며
너를 낚아 내동댕이치려 준비한다는 걸.

잠들지 못하는 밤

잠들지 못하는 밤이 계속되고
결국 술을 든다

나는 술을 마시고 결국
술이 나를 마셔 나는 비틀댄다

갈지자를 그리며
걷는다

많고 많아
꼬리를 물고 따라왔던 상념들

술 한잔에
꼬리를 내린다

인생사도
허공에 맴돌고 맴돌다가

나는 어떤 게 진실인지 알 수 없게 되는 게
참진실이라 깨닫는다.

술술술

막힌 실타래
술술술 풀어 내려
술을 마시나 봐

한잔 또 한잔 마시면
뇌의 작용은 슬슬슬 느려지고
답답했던 속은 술술술 풀려 가고

꽉 잡아 매어 둔 고삐도
슬슬슬 느슨해지고

꽉 막혀 뚫을 수 없을 것 같던
굳은 관념의 벽도
술 한잔에 쉽게 무너져

어차피 상념의 바다에서
허우적거리다 떠나갈
정처 없는 우리 인생

나를 묶어 둔 족쇄든

나의 안전망이든
술술술 풀리면 상관없어

술술술 풀고 떠나가야 할
나의 인생은
중반을 넘어가고 있다.

인생의 정답

인생에
정답이 있나

얄팍한 지식으로 무장한
'잘못된' 옳은 소리들의 세상

잘못된 고정관념보다 더 무서운
올바르다는 고정관념에 묶여 사는 노예들

세상에
정답이 어디 있나

너와 내가 찾아낸
서로 다른 해답들이 존재할 뿐.

난 네가 좋아

운전할 때마다
라디오를 켠다

음악 볼륨에
귀가 어지러워도 좋아

비트 강한 음악에
차체가 엉엉 울어도 좋아

너의 바이브레이션에
몸이 떨리는 게 참 좋아

소리로만 다가오지 말고
가슴으로 가까이 와

웅웅웅 벌 떼처럼 떼 지어 지나다
쩡쩡쩡 내 속에 징을 울리지

날 건드려 봐
내 영혼에 징을 울려 줘

너 없는 세상
난 무슨 낙으로 사나.

너를 사랑할게

암으로 어머니를 잃고
쉰 갓 넘긴 동생이 암수술을 받았는데
평소 살가운 죽마고우마저 암이란다

모진 고난 속에서도
철옹성처럼 잘 버텨내다
작은 종양 앞에 무릎 꿇어 버리는 나약한 우리

풀고 삭이지 못해
어디엔가 쌓아 두었다
멍울져 버린 안타까운 나의 일부

사랑받지 못하고
구석에 숨어 지내다 일어나
제 몸을 공격한다

싫어도
내가 짊어져야 할
또 다른 나의 모습

우리 같이 잘 살아보자
너를 미워하지 않을게
너를 사랑할게.

최선을 다하지는 마

항상 쫓기고 있어
가만히 누워 있다가도
불안해 벌떡 일어나야 해

나만 뒤처지는 것 같아
앞서가는 사람을 추월해야 해
뒤도 돌아보지 말고 뛰어가야 해

최선을 다해라
성공하라 부모님은 말씀하셨지
그런데 내가 가는 길의 끝은 어디일까

쉬지 않고 뛰어가다 보면
숨이 차고 다리가 풀려
도중에 주저앉아 버릴지도 몰라

한 방향으로 질주하다
잘못 들어선 길이라면
그때는 어떻게 하지

최선을 다하지는 마
가다가 아니라면
실망해 포기해 버릴지도 몰라

쉬엄쉬엄 쉬어 가
가끔가끔 놀다 가
가다가다 얼마만큼 왔나 돌아보면서 가.

진짜 가난한 사람

진짜 가난한 사람이란
사치스런 삶을 살면서도
더 많은 것을 욕망하느라
미친듯이 일하는 사람들이지요

가진 재산이 많지 않다면
가진 것을 지키려
노예처럼 일하지 않아도 되고

진정 나 자신을 위해
더 많은 시간을 보낼 수 있어요

나는 전혀
가난하지 않아요.

※세계에서 가장 가난한 대통령 호세 무히카(우루과이)의 이야기

빛이 된다는 건

빛은
제 속에
울분을 가장 많이 담고 있어

밝음이란
어둠을 삼키고야
저절로 터져 나오는 통곡

너는
온갖 잡동사니 마다않고
모두 삼켜 태우며 절규하는 영혼

활활 스스로를 불사르는
너의 뜨거운 속을
그 누가 안단 말이냐

온갖 더러움 다 던져 주어도
묵묵히 태울 뿐이다
너는

쓰다 뱉어내지 않고
다 감내하고 나서야
너는 비로소 찬란한 빛이 된다.

어디로 가니 고라니 한 마리

천안에서 톨게이트를 지나
상행선으로 들어서
막 커브를 도는데

어디서 왔을까 고라니 한 마리
정신없이 달리는 차 사이를
허둥지둥 건너고 있네

애처롭게 벌거벗은 몸뚱이로
뒤뚱뒤뚱 허겁지겁
길을 건너고 있네

하늘 아래 가장 편안하다는
천안天安의 품도 너에겐
결국 사지死地일 뿐이야

산을 끊고 물을 끊어
너의 길이 끊기고
너의 목숨줄 이 험한 고속도로에
위태롭게 걸려 있네

두려움에 너의 두 다리
사시나무 떨리듯 흔들리고
너의 슬픈 두 눈 애처롭게 떨고 있다

차마 너의 두 눈에 담을 수조차 없었던
극단의 두려움 피멍 되어
내 마음에 담고 길을 떠난다
어디로 가니 고라니 한 마리.

재두루미 · 1

겨울의 문턱 소설小雪
재두루미 찾아
비무장지대 철원으로

멀리 시베리아에서
여기까지 날아와
우리 다시 만나니 참 반갑다

철따라
이리저리 옮겨 다녀도
너에게는 항상 오갈 길이 있고

싸들고 다니는
무거운 짐보따리 하나 없어도
너에게는 항상 일용할 양식이 있다

이념의 경계도
국가의 경계도
자유로운 영혼에게 아무 소용 없지

자유롭게 날아들었다
가고 싶을 때
언제라도 떠날 수 있는

그런 네가 나보다 낫다
그런 네가 나는
한없이 부럽다.

재두루미 · 2

긴 여행길에 피곤해서 그랬는지
술 취한 사람처럼
벌건 눈을 하고는

못 먹어서 그랬는지
거식증환자 같은
가녀린 다리를 하고는

추수 끝난 황량한 겨울 들판에서
짝을 지어
벼 이삭 주워 먹다

강가 모래톱에서 쉬다가
드넓은 철원평야를
유유히 날아다니는구나

굶주려도
떠돌아 다녀도
결코 헤어지지 않고

백년해로하는 너희가
정말 기특하다
나는 참 부럽다.

가창오리의 군무群舞

강 주변에 모여 잠자다
일몰 되면 먹이 사냥하러
기지개 켜고 일어나

비가 내리려는 듯
갑자기 요란한 소리가 나더니
일제히 물에서 떠올라

빠짐없이 일사불란하게
헤쳤다 뭉쳤다 재빠르게 돌면서
입체 공중쇼를 선보인다

누가 이런 경이로운 널더러
작은 미물이라
새대가리라 말하더냐

인간의 어떤 매스게임이
이처럼 능수능란하고
인간의 어떤 춤이 이처럼 감동스러울까

회오리바람처럼 빙빙 돌다
하늘 나는 큰 가오리새 되었다가
꼬리 긴 하늘 뱀 되었네

초라한 인간의 넋을 쏙 빼어 놓더니만
넌 아랑곳하지 않고 스르르 둘로 갈라져
동으로 서로 나뉘어 길 떠나간다.

두루미야 넌 어디로 날아가니·1

뼈 빠지게 평생 일해
성냥갑 같은 아파트라도 사
정착하려 애쓰는데

이 너른 철원평야로
날아 들어온 지
얼마나 되었다고

너는
또 어디로 날아가니

강가에서 물 한 모금
추수 끝난 황량한 논에 떨어진
나락 한 톨

추운 겨울 지나고
봄도 오기 전에
너는 또 어디로 날아가니.

두루미야 넌 어디로 날아가니 · 2

가진 것 없으니
지킬 것도 없어

언제든
가고 싶은 곳으로

가진 것 없으니
남겨 둔 미련도 후회도 없어

어디든
발길 내키는 대로

욕심 버려
가벼운 너

날개보다 더 가벼워진 영혼 되어
허공에 노 저어 훨훨 날아가네.

제4부 세월이 독이라면서

태어난 것은
반드시 죽는다
독배를 들고
오늘도 잔을 부딪힌다

중년은 된장이다

누구는 나이 오십을
화려한 뷔페상 위의 콩떡이라

맛난 음식들 너무 많아
선뜻 집어올릴 수 없는

중년은 된장이다
콩은 콩이지만 변해 버린

어떤 놈은 농익어 제 맛 나고
어떤 놈은 검고 떨떠름하게 변해 버린

약방에 감초처럼
감칠맛 내기도 하고

잘못 삭혔다가는
썩어 버리고 마는.

중년은 아름다워라

중년은 아름다워라
풋내 나던 김치 곰삭아
제 맛 나는 중년이다

콩깍지 시들어도
안에서 콩 여무는
풍요로운 중년이다

주름살 지고
흰 머리 늘어도
여유로워지는 중년이다

허리 뻣뻣해져도
삶 유연해지는 중년이다

무거운 짐 내려놓고
어깨 가벼워지는 중년이다

단조로움의 쳇바퀴 벗어나
멋진 신세계가 기다린다

꽃 피고 잎 무성하던 젊은 날은
열매 맺어 영글게 할 중년의 들러리였다

인생의 멋진 클라이맥스!
열매 농익어 향기 톡톡 터져 나오면
새로운 시작을 위해 잠시 떠나갔다 돌아오는 것이다!

내 사랑 김점선

만난 적도 없다
그저 TV에서 한번 본 인연
우연히 그녀가 유명인을 인터뷰하는 프로를 봤다

옆집 오빠같이 소탈한 언행
쌀밥처럼 밋밋하지만 계속 먹고 싶은
흙집처럼 편히 쉬고 싶은 공간을 갖은 사람

얼마쯤 지나 그녀의 그림을 인터넷에서 보았다
쇠망치로 머리를 맞는 듯한 충격
천진무구함에 감동해서 울었다

길에서 보석을 줍는 횡재를 한 것처럼
그녀의 그림과 글이 있는 책을 사들였다
소박하고 투박하지만 두툼한 그녀의 세계에 매료되어

그녀의 글과 그림은
어린아이처럼 순박하다
천진한 아이처럼 우주를 뛰어다니며 논다

단순하고 거침없는 그녀의 표현이
가슴 떨리도록 강렬한 감동을 주는 건
우리 둘이 완벽하게 교감하기 때문이다

단 한 번 대면한 적이 없다 해도
몸을 섞지 않고서도
이미 그녀와 사랑에 빠진 걸

치장과 가식으로 유혹하는 세상
그녀는 순수의 문을 열어 두고
난 그 문으로 들어갔다

나는 그녀와 들판을 뛰어다니고
같이 덤불 속에서 뒹굴며 논다
같이 자연이 된다

지금 지구에 그녀는 없다
그렇다고 우리의 교감이 줄어들거나
더더구나 사라지는 건 아니다

내 사랑 김점선
날 두고 먼저 지구를 떠났으니
나는 이제 짝사랑 할 일만 남았다.

신데렐라

보고 싶다고 했어
안고 싶다고 했어
그러나 땡땡땡 시계종 치면 돌아가야 할
너는 신데렐라

급히 시간 맞춰 돌아가려다
신발 한 짝을 떨구고 갔어도
너의 신발 두 짝
나란히 내 집 툇마루 앞에 놓을 수 없는
너는 내 여자가 아니야

부질없는 거야
더 헛헛한 거야
신데렐라처럼 안고 멋진 춤을 춘다 해도
시간 맞춰 돌아가지 않으면
너의 호박마차 바퀴 움직이지 못하고
너의 화려한 유혹의 옷가지들
녹아내릴 허상의 것들일 뿐이야

넌 내 여자가 아니야

넌 내 여자가 아니야
급히 가다 떨구어 놓은 너의 신발 한 짝이
땡땡땡 시계가 울리면
떠나야 하는 남이라고 말해.

내 인생의 수틀

틀에 끼워 넣은 하이얀 광목
날렵한 바늘에 실을 꿰어
한 땀 한 땀
내리 꽂고 솟아 올리며 수를 놓는다

너를 찌르지 않고는 어떤 작품도 만들 수 없어
흔적 없이 지울 수도 없어
네 속에 총총히 박혀
이미 한 몸 되어 버린 나는

내 수십 년의 인생사人生事
호불호好不好의 흔적들
한 올 한 올
너에게 촘촘히 박혀 있어

하이얀 무명 천 위로
꽃 피고 새 울고
벌 나비 날아다니는
너는 그리운 추억의 꽃밭이 되어

오늘도 나는
수틀 앞에 앉아
바늘에 실을 꿰어 들고
경건한 마음으로 수를 놓는다.

부끄러운 일이다

뺄셈을 해야 하는데
계속 덧셈만 생각하면
부끄러운 일이다

봇물 터지는데
손으로 막으려 하면
속절없이 젖고 부질없이 힘만 빠진다

세상사 순리대로 흐르지 못하고
역행하여 심신을 고달프게 하는 건
부끄러운 일이다

간밤에 깨어 생각해 보니
남은 인생
더 사랑하고 더 비워야 할 숙제만 남았다

아직까지 손에 쥐고 놓지 못하고
욕심 때문에 아파하는 건
정말 부끄러운 일이다.

경국지색 傾國之色

세상에 미의 기준 다양하고
세월 따라 변해 가지만
아름답고 추한 것 구별하는
내 속의 잣대 하나 있어

어지러운 마음 품고 살아가면
거울 속에 비춰 보지 않아도
내 모습 그 얼마나 추한가
그렇게 살다 가고 싶지는 않아

흰머리에 주름살
탄력 잃은 몸뚱이
속절없는 세월 따라 늙어 가지만
내 속에 연꽃 하나 피우려 애를 쓰는데

아무도 알아 주지 않아도
내 속 내가 알아 가지고
가만히 들여다보면
철없던 젊은 시절보다 더 깊은 영혼 하나 있어

경국지색 천하의 미인들보다
모자라지 않는 나의 아름다움이여
거울 속 내 모습 늙어 가고 초라해도
내면의 모습 아름다워 만족하여라.

세월이 독이라면서

세월이 독이라며
씁쓸하게 웃던 당신

매일 조금씩
독배를 마시면서도

코앞에 오기까지
절대 받아들일 수 없는 죽음

태어난 것은
반드시 죽는다

독배를 들고
오늘도 잔을 부딪힌다.

살아낸다는 건

오늘 내가 살아 있다는 건
가슴 벅찬 일 아닌가
병상에 누워 차마 삶의 끈을 놓지 못하고
오늘 아쉬움으로 떠나가는 사람들도 있는데

장대비 속에 쪼그리고 앉아
그만 잠이 들어 버린 행상 할머니
눈물 나는 인생살이라도 죽지 않고 버텨내는 건
개똥밭에 굴러도 정말 이승이 좋기 때문인가

잠을 청하기도 음식을 넘기기도 힘든
온전한 삶도 온전한 죽음도 아닌
말기암의 극심한 고통으로 날을 지새우다 가버린 아내
아내를 그렇게 보낸 지인은
날선 칼로 찌르듯 내게 말했다

쉽게 말하지 마!
고통이 영혼의 성숙을 위한 거라고
고통받더라도 죽음을 준비할
시간이 있는 게 나은 거라고

쉽게 말하지 마!

안쓰럽게도 피골이 상접한 지인
살덩이란 삶을 부지하려는 의지만큼만 붙어 있는 것일까
폐인이 되다시피 은둔한 그를
위로할 마음으로 찾은 고향
지인은 오히려 나를 향해 강한 물음표를 던졌다

진실한 사랑은 뭐지
삶과 죽음은 도대체 뭐지

삶과 죽음
육신과 영혼
사랑 그리고 그리움
진실은 항상 아무 대답도 해주지 않는다.

고통 위에 피는 꽃

나무 찍어
대패로 긁어 인두로 지져져야
가야금으로 태어나네

진주같이 순결하고
눈물같이 투명한 선율
고통 위에 피는 꽃

곱고 고운 비단줄
상처투성이 손 만들고야
하늘의 선율 허락하듯

우리도 찍어 내어져
상처 입고 고통 넘어야
아름답게 태어나네.

여기 나 이렇게 살아 있다

작열하는 태양
모래폭풍 속
그래도 뿌리내리고
여기 나 이렇게 살아 있다.

※박노해 시인 사진전에 가서 쓴 글

하루살이 · 1

하루살이라 비웃지 마
내일은 기약 없는
너도 하루살이 인생

절절히 살아내야 해
내일이면 사라져 버릴
찬란한 오늘.

하루살이 · 2

하루살이라 비웃지 마
짧은 하루도 때때로
버겁고 에이는 천년 같은 형벌

하루를 백년처럼 살다
다시 돌아올 하루를 위해
영겁을 기다려야 하는 인생이다.

모두가 전쟁 중이야

하루하루가 전쟁이야
살아내야 하는 거야
죽지 말고

모두가 다 전쟁 중이야
잠시 잠깐 휴식하고 있다 방심할 수 없어
언제 어디서 총탄이 날아들지 몰라

밥을 먹다가도
똥을 누다가도
잠을 자다가도 벌떡 일어나 뛰어나가야 해

치열히 살아 내려온 거야
어슬렁어슬렁 살아서는 생존할 수 없어
모두가 전쟁 중이야.

죽는 것과 살아내는 것

하루하루 살아내는 것이
매일매일
너를 죽이는 것일 수도 있고

한번 죽는 것이
매일매일 누군가에게서
되살아나는 것일 수도 있어

죽는 것과 살아낸다는 건
상반된 것 같지만
아주 가까운 거야

죽음을 두려워하지 마
살아내는 하루하루가
더 힘겨울 때도 많아

네가 품으면 사라진 사람도 살아나고
네 맘에서 지워지면
곁에 있어도 영영 사라지는 거야.

모두 떠나려고 온 거야

당신 가고 얼마나 지났다고
아들도 공부하러 가고
딸도 직장 찾아가고

그래 그래 괜찮아
우리는 처음부터
만나려고 온 게 아니야

너도 가고
나도 가고
우리 모두 떠나려고 온 거야.

낙화의 변명

더 많이
채우려고
떨어지는 거야

너에게서
그리움으로
다시 피어나려고

우리의 만남
아쉬워도
웃으며 떠나가는 거야.

흙으로 돌아가던 날

흑색 옷을 입은 사람들
하나 둘 모여들더니
흙더미가 던져지고
당신은 다시 흙으로 돌아간다

흑흑흑 흐느끼다
모든 유채색은
흑백사진처럼 탈색되어
세상은 이내 깜깜해져 버린다

오래된 무성영화 필름처럼
눈앞의 장면들 치익치익거리다
하늘 천 따 지 검을 현 누를 황
하늘은 시꺼멓고 땅은 누렇게 떴다.

먼지

햇살 쏟아지는 아침
창에 드리운 커튼을 여니
어디 숨어 있었는지
헤아릴 수 없이 수많은 먼지들
눈꽃처럼 하얗게 형체를 드러낸다

당신 가고 없어도 남아 있는
당신의 한 조각 먼지여라
내가 가도 남아
우주 공간을 떠돌아 줄
나의 한 조각 먼지여라

우리들 아주 작은 존재로
우주 공간 어디에선가 부유하다
먼지꽃으로 어우러져
큰 몸으로 갈 수 없는 긴긴 여행길
먼지라도 어때요. 함께 떠나요.

제5부 **신은 없다**

신에게 빌지 마라
신은 없다
우리를 구해 줄
유일신
그건 사랑뿐

가족의 비애 · 1

가장 가까운 가족으로 만나
가깝지 못하고 겉도는 세월

가까워야 하는 만큼
가깝지 못해서 많이 아프다

우리는 왜 이렇게 만나
상처 주고 상처받으며 살아야 하는지

그래, 그런 거야
전생의 원수가 만난 거야

원한을 풀 방법 하나밖에 없어
사랑하고 용서하고 벗어나라고

그래서 만난 거야
그래서 살아가야 하는 거야, 죽지 말고

전생에 지은 업보
사랑하고 용서하고 그리고 떠나가라고.

가족의 비애 · 2

왜 만났던가
만나지 말았더라면
숱하게 원망하고 후회하던 세월
풀지 못한 숙제 남겨 두고 당신 혼자 가는가

왜 같이 실타래 엉켜 놓고
왜 같이 풀지 않고 먼저 떠나나
남겨진 나 혼자 풀기에
엉킨 실타래 너무 어지러워라

그래도 내게 남겨 준
어둠 속에 빛나는 자식새끼들 있어
차마 버리지 못해 여기까지 끌고 왔다
이제야 모진 목숨 버리고 가네

엉켜진 실타래
풀다 풀다 다 못 풀고
허망하게 간다고 자식새끼들 슬피 울어도
지친 내 영혼 쉬어 가다 다시 오려고 가네.

※가족간 폭력으로 자살한 한 어머님을 위로하며 쓴 시

어머니 어머니

어느 날
친정에 가 보니
큰 박스 여러 개가 배달되어 있었어요

귀가하는 가족마다 그게 뭐냐 물었지요
어머니는 겸연쩍은 미소를 지으시며
"그릇 좀 샀다" 그러셨지요

내용인즉 그랬어요
공짜 온천 관광을 보내 준다기에 친구 따라 나섰다가
온천하고 불고기까지 잘 대접받고
그릇을 강매당했던 거지요

마음 약한 어머니는
공짜로 받은 호의가 미안해서
그 그릇 박스를 되돌려 보내지 못하셨어요

아버지는 못마땅하여 얼굴 찌푸리시고
자식들마저 공짜 여행에 현혹된 어머니를
질타하다 보니

어머니는 차마 그 그릇을 사용하지 못했습니다

변변한 그릇도 없는데
과년한 딸들이 여럿이니
결혼 같은 대소사에 쓰려 했다 중얼거리셨지요

둘째의 혼사도 치르기 전
당신은 서둘러 저세상으로 떠나셨어요
그리고 불효자식들은 그 그릇으로
당신의 장례를 치렀습니다

어머니 어머니
아버지의 박봉으로 다섯 새끼 키우시느라
어디 한번 변변하게 놀러 가시지도 못했는데

친구 따라 나섰던 그 온천 여행에서
행복하셨을 당신을 생각하니
하염없이 눈물이 흘러내립니다

살 맞대고 살던 남편도

젖 먹여 키웠던 새끼들도 해드리지 못했는데
여행 보내준 그 업자가 한없이 고마워요

당신이 긴긴 세월
묵묵히 사랑과 희생으로 가꿔 왔던 가정은
당신 가시고 쓸쓸한 바람만 불었습니다

뱉어낸 말은 다시 주워 담을 수 없어요
다시 한 번 당신을 만날 수 없는 것처럼
어머니!

지극히 동물적인

지인 집 개가 새끼 세 마리를 낳았다
복날 무더위에
기운 없는 어미 젖을
무정한 새끼들은 연신 빨아 댄다

안쓰러워 지인이 내어 준 우유를 먹고
새끼들은 어미품에 뒤엉켜
행복하게 잠이 들었다

공부하러 외국 가고
좋은 직장 찾아 더 잘살기 위해 이민 가고
잘 키운 자식들은 멀리멀리 떠나 산다

연일 매스컴에서는 인륜을 저버린 뉴스들
분명 우리에게도 나누어졌을
지극히 동물적인 사랑과 행복은
어디에 내던지고 살아가는 걸까.

자식 그 빛과 그림자

순탄하지 못했던 인생길
아들 딸 하나씩 두고
그래도 그 자식들 낳고 키운 것
세상에 태어나 가장 잘한 일이라 생각하며 살았다

하루는 웃고
또 하루는 그 자식으로 인해 우는 인생
빛과 그림자는
한 몸이라 생각하며 살았다

오늘 울지만
내일은 웃을 거라 희망하며 살아온 세월
오늘 또 그 그림자에 가리어
내 마음에 어둠이 내리면

뚝뚝 떨어지는 눈물을 애써 감추며
긍정의 의미
우리가 가족으로 만난 의미를
다시 되새겨 본다

부족한 나에게 인내를
어리석은 나에게 부모의 지혜를
용서하지 못하고 분노했던 나에게 관대한 아량을
가르치고 가르치고 눈물로 채찍질로 일깨워 주려

하늘이 내려준 나의 스승
자식이라서
오늘 눈물 빼고 아파해도
희망의 메시지라서

난 오늘도
자식이란 이름의
빛과 그림자를 바라보고 있네.

자식 그 피할 수 없는 이름

길을 가다
장애물을 만나면
돌아갈 수 있다지만

견디다 견디다
정 견디기 어려우면
부부의 연조차 갈라내면 그만이라지만

상처 되고 눈물 되어도
되돌릴 수 없는
자식 그 피할 수 없는 이름

사랑의 매질하고
돌아누워
내 눈에 피눈물 흘리게 하는 이름

나무에 가지치기하는 건
사랑 때문이라지만
내 손발 잘라내는 것만 같아

자식과의 피할 수 없는
일상의 대결 앞에
차라리 내 심장을 내어 놓네.

굽은 소나무가 고향을 지킨다

너무 잘 키우면
내 자식이 아니란다

그렇게 잘 키운 자식
정말 잘 키운 것일까

혼인하면 분가하는 게 옳지만
고생한 우리 윗세대들

급변하는 가치관 속에서 효도는커녕
존경받지도 못하는 사회

너무 잘 키우지 마라
인간답게 키워 보자

효를 중시하던 유교
진정 고리타분한 과거의 가치관인가

효를 잃은 사회가 표류하고
인간성은 벼랑 끝에 서 있다.

신은 없다

뜯어먹고
뜯어먹히는
미치광이들의 전쟁터

신을 꼭두각시로 앞세운
인간 악마들의
피비린내 나는 잔칫상

신에게 빌지 마라
신은 없다
그 뒤에서 악마가 웃고 있을 뿐

우리를 구해 줄
유일신
그건 사랑뿐.

소록도의 천사들

무슨 죄를 지었는지 영문도 몰랐어
천방지축 뛰어놀기만 하던 어린 내가
하늘이 내린 벌을 받았다니
나는 그저 어리둥절했었지

죄를 지으면 벌을 받는 건데
억울하게 누명 쓰고
감옥에 갇혀 한평생을 살아도
이렇게 억울하지는 않았을 거야

인간도 아닌 하늘이
연약한 나에게 억울하게 벌을 내려
감옥보다 더한 지옥
지옥보다 더한 고독

나를 태에 담고 낳고 키워 주신 부모마저
하룻밤에 등지고 눈물로 떠나온 고향
이리저리 내몰리다
소록도까지 내려와

섬보다 더한 고립으로 살아온 나의 인생
하늘마저 등 돌린 채
희망이란 단어는 갈기갈기 찢겨져
바다에 내던지고 살았던 거야

내가 차마 죽지 못한 건
하늘에 대한 원망 때문이야
무슨 죄를 지었는지 알려 달라
울다 잠든 하루가 일 년이 되고 십 년이 되었지

열두 살 때 내려온
남해 끝자락
세상 속에 외딴섬 소록도에서
벌써 환갑도 넘어 버렸네

죄도 짓기 전
죗값부터 혹독히 치룬 나의 억울한 인생
소풍이라 하기엔 너무도 긴
고독과 고통의 여정

나 이제
하늘로 올라가면 천사가 될 거야
땅에서 지은 죄
하늘에서 치뤄야 할 사람들 틈에 끼어

땅에서 웃음 지었던 이들
하늘에서 죗값을 치르고 있을 때
나는 억울하게 짊어졌던
무거운 천벌의 짐 다 벗어던지고

천사의 하얀 날개를 달고
가볍게 가볍게
훨훨 훨훨
날아다닐 거야.

※지인 사촌 형님의 일대기를 쓴 글

이율배반의 세상

행복 전도사가 자살했다
행복하지 못하면서
행복하게 사는 법을 전도하고

건강하지 못하면서
남의 건강을
책임진다는 의사들

신의 뜻을 벗어나 살아가면서
신을 믿으라
부르짖는 목사들

사랑한다 사랑한다
애끓는 사랑 노래 사방 천지 가득해도
이 세상에 절대적으로 부족한 사랑

굶주려 죽어 가는
지구 반대편
다이어트에 목숨 거는 사람들

이율배반의 세상
오늘도 모순 속에
잘도 돌아간다.

마지막 집세

"죄송합니다."
"마지막 집세와 공과금입니다."
"정말 죄송합니다!"

세 모녀는 그렇게
세상과 작별하고
마지막 길을 함께 떠났다

"죄송합니다."
"힘이 되어 드리지 못해서…."
"정말 죄송합니다!"

집주인에게 남긴
봉투 안에 담긴 마지막 노잣돈
70만 원

헐벗어 가는 중산층 닥닥 긁어
정부가 마련한 복지예산 100조
모두 어디로 갔을까.

※질병과 가난 때문에 스스로 목숨을 끊은 세 모녀 사건을 보고

풍요 속 빈곤

부모는 맞벌이
아이들은 학원 뺑뺑이

지식은 남발하는데
지혜는 부족한 세상

잘살기 위해
한 푼이라도 더 벌어야 해

경쟁사회에서
하나라도 더 배워야 해

사람은 많아도
속 빈 강정들

학벌은 높아져도
헛똑똑이들

한솥밥 먹는 식구食口 사라진
가정은 불안한 안식처

채워도 채워도 헛헛한
세상은 풍요 속 빈곤.

우리 모두 갇혀 있어

옹달샘이
페트병에 갇혀 울고 있다

헤엄치던 물고기
댕강댕강 잘려 깡통 속에
파릇파릇 움트던 생명
싹둑싹둑 잘려 비닐에 갇혀
차디찬 냉장고에서 신음하고 있다

공구리 박스에서 잠자다
철깡통 과학 자동차로 이동해
우리는 콘크리트 박스에 갇혀 있다

기계의 나사처럼 이탈하지 못하고
이리저리 옮겨 다니며
인공과 질서란 스스로 만든
보이지 않는 틀 속에 갇혀 있다.

부처와 맞장뜨기

당신은
주어진 칠십 평생
상처 입고 상처 주고
피 흘려 전사처럼 싸웠다

어찌 그렇게 다 토해내며 사는지
천연기념물처럼
모난 모서리 그대로
남아 있을 거라 생각했는데

당신이 흘린 피가
자신과 가족들을 더럽히고
토해낸 허망한 말들 땅 위에 뒹군다 해도
여보, 걱정하지 말아요

부처처럼 등 돌려
길道 떠나지 않고
전투에서 당당히 맞서 싸워
장렬히 전사하였다

부처와 맞장뜨기
나는 당신 손을 높이 들어 올린다
용맹한 용사여
당신은 싸움에서 이겼다.

개 같은 인생에 대한 변명

너는 아니?
내가 왜 이러는지 너는 아니?
헛헛한 마음 달래려고 그러는 거야

신이 개뿔 잘났으면 얼마나 잘났다고
빌어먹을 네 놈의 인생
그렇고 그런 거라 날 비웃을 때

그래, 빌어먹을 내 인생 내 맘대로
난장판 벌이고 망쳐
인간으로 태어나 이렇게도 살 수 있다 깽판 치는 거야

너는 아니?
내가 왜 이러는지 너는 아니?
넌 하늘에 올라가 왕으로 군림하고
나더러 노예 되어 죽도록 일만 하고 살아라 해서
그래, 그게 왕으로 군림하는 네가 바라는 거라면
이래도 좋고 저래도 좋아
이놈의 인생 무슨 품격 있다 조심조심 사냐고
흙탕물 튀겨 낚싯밥 던진 네 낚시 삼매경

망쳐 놓으려하는 거야

너는 아니?
내가 왜 이러는지 너는 아니?
단군부터 할아버지의 할아버지에서
아버지와 나에게까지 마늘과 쑥만 주고는
죽어라 쓴맛 보고 살라는 개 같은 인생

니가 준 게 뭐 개뿔이나 있다고
생로병사로 날 얽매여 놓은 개 같은 인생
발정난 강아지처럼
여기저기 싸돌아 다니며 더러운 몸 더 더럽히고

네가 지은 집 얼어 죽을 맨션이냐며
여기저기 개똥도 싸질러 놓고
어차피 네 손아귀에서 못 벗어날 개 같은 인생
네 잘난 파라다이스 더럽히고 짓밟고 망쳐 놓고 가면
덜 억울할 것 같아서 그런 거야.

나만 욕하지 마

나도 참 억울해
네가 왕이 되고
나는 노예 시켜서 그런 거야

내 의지대로 살 수 없는 피조물로 전락한 바에
씨발ㅇ 같은 내 인생 될 대로 되라고
술독에 빠져 욕정에 빠져
차라리 잊고 살자 그러는 거야

나만 욕하지 마
나도 많이 억울해.

씨발[發芽]

골목을 지나는데
씨발[發芽] 씨발[發芽]
그래, 씨발[發芽] 하러 온 거 맞아
무슨 싹을 틔울 건데

싹수부터 노래가지고
그런 말하지 마
아직 싹 틔우기도 전에 욕하지 마
싹 틔우려 애쓰다 보니 힘들어서 그런 거지

머리에 피도 안 마른 녀석들
골목길에 삼삼오오 모여
침을 퉤퉤 뱉으며
연신 씨발[發芽] 씨발[發芽] 그러잖아

그래, 제발 그래 봐
보리싹도 틔우고
무싹도 틔우고
새벽이 가장 어두운 거야

원래 몸뚱이 죽지 않으면 싹을 틔우지 못해
그래서 아픈 거야
그래서 죽는 거야
말만 하지 말고 진짜 싹을 틔워 봐.

사랑을 이루다

발행 | 2014년 4월 21일
지은이 | 이유미
펴낸이 | 김명덕
펴낸곳 | 한강출판사
홈페이지 | www.mhspace.co.kr
등록 | 1988년 1월 15일(제8-39호)
주소 | 서울시 종로구 인사동 131번지 파고다빌딩 408호
전화 735-4257, 734-4283 팩스 739-4285

값 10,000원

ISBN 978-89-5794-280-2 04810
　　　978-89-88440-00-1 (세트)

※저자와의 협약에 의해 인지는 생략합니다.
※잘못된 책은 바꾸어 드립니다.